Monique Escoffier

Parcours de conscience

Monique Escoffier

Parcours de conscience

Éditions Vie

Impressum / Mentions légales
Bibliografische Information der Deutschen Nationalbibliothek: Die Deutsche Nationalbibliothek verzeichnet diese Publikation in der Deutschen Nationalbibliografie; detaillierte bibliografische Daten sind im Internet über http://dnb.d-nb.de abrufbar.
Alle in diesem Buch genannten Marken und Produktnamen unterliegen warenzeichen-, marken- oder patentrechtlichem Schutz bzw. sind Warenzeichen oder eingetragene Warenzeichen der jeweiligen Inhaber. Die Wiedergabe von Marken, Produktnamen, Gebrauchsnamen, Handelsnamen, Warenbezeichnungen u.s.w. in diesem Werk berechtigt auch ohne besondere Kennzeichnung nicht zu der Annahme, dass solche Namen im Sinne der Warenzeichen- und Markenschutzgesetzgebung als frei zu betrachten wären und daher von jedermann benutzt werden dürften.

Information bibliographique publiée par la Deutsche Nationalbibliothek: La Deutsche Nationalbibliothek inscrit cette publication à la Deutsche Nationalbibliografie; des données bibliographiques détaillées sont disponibles sur internet à l'adresse http://dnb.d-nb.de.
Toutes marques et noms de produits mentionnés dans ce livre demeurent sous la protection des marques, des marques déposées et des brevets, et sont des marques ou des marques déposées de leurs détenteurs respectifs. L'utilisation des marques, noms de produits, noms communs, noms commerciaux, descriptions de produits, etc, même sans qu'ils soient mentionnés de façon particulière dans ce livre ne signifie en aucune façon que ces noms peuvent être utilisés sans restriction à l'égard de la législation pour la protection des marques et des marques déposées et pourraient donc être utilisés par quiconque.

Coverbild / Photo de couverture: www.ingimage.com

Verlag / Editeur:
Éditions universitaires européennes
ist ein Imprint der / est une marque déposée de
OmniScriptum GmbH & Co. KG
Heinrich-Böcking-Str. 6-8, 66121 Saarbrücken, Deutschland / Allemagne
Email: info@editions-ue.com

Herstellung: siehe letzte Seite /
Impression: voir la dernière page
ISBN: 978-3-639-64269-8

Copyright / Droit d'auteur © 2014 OmniScriptum GmbH & Co. KG
Alle Rechte vorbehalten. / Tous droits réservés. Saarbrücken 2014

Un parcours de conscience

Merci à tous ceux qui ont cru en moi, à tous ceux qui sont avec moi , physiquement ou affectivement, et à tous ceux que je ne connais pas....

Un parcours de conscience

Monique ESCOFFIER

Tables des Matières

Mais c'est quoi le sens?..4

Êtes-vous toujours dans ce que vous faites? 4

Vivons-nous finalement?..4

Famille terrestre...9

Merci les enfants !..13

Comment se passe notre évolution ?..13

Comment communiquez-vous ? 16

Quel dilemme !...17

Lettre à mon corps de Jacques Salomé..26

Doit on être triste en vieillissant?..29

Mais qui sommes-nous ? 31

Tout a du sens rien n'est du au hasard..34

Un jour on se lève et on se dit : "quel est le sens de ma vie, à quoi je sers?" et cette question elle trotte, de plus en plus .....

On va au travail mais ce travail est ce le bon? On a une famille mais mon mari est il fait pour moi, est ce mon âme sœur? , et tout se bouscule dans notre tête. Le temps prend des allures de siècle, la pesanteur devient plus lourde et notre fatigue augmente. Tout nous parait noir, plus de sens.....

Mais c'est quoi le sens?

Certains passent une vie à le chercher, et d'autres vivent à coté de leurs baskets, le résultat est le même: ils ne vivent pas....

Et si c'était déjà simplement vivre, mais vivre en pleine conscience de ce que chaque jour amène. Et si c'était de se laisser porter par la douceur du jour, la main d'un enfant, un coucher de soleil....

Êtes-vous toujours dans ce que vous faites?

On sent la main d'un enfant mais la ressentez-vous? La chaleur, la douceur, l'affectif qui passe? L'émotion a travers cet échange ?

Vous voyez le coucher du soleil mais le ressentez vous? La chaleur, les couleurs, la vibration et l'émotion qui s'en dégage?

Vivons-nous finalement?

On pourrait plutôt se demander ce que nous mettons derrière vivre? On travaille pour vivre ou la vie c'est le travail? On vit pour faire une famille ou la famille est la vie?

Que de question dans nos petites têtes et qui tournent et tournent encore.....

Des heures de thérapies pour venir à des morceaux de vie, de compréhension ou d'incompréhension...on nous dit c'est les parents. Pauvres parents (que nous sommes aussi) tout cela est le résultat de vos manques affectifs liés aux parents...une immense responsabilité tombe sur les épaules des parents donc nous tous. Est ce que cela nous permet de nous sentir mieux? Non plus mal car c'est culpabilisant. Pauvres parents!!!!

Que serait notre vie sans l'intervention de notre mental en permanence connecté et près à faire ce qu'il veut sans notre accord? Avons nous conscience que nous sommes dirigés et bien souvent par nous même enfin notre partie cérébrale?

J'ai au fil des années perçu une réalité qui n'est pas celle que nous pensons être. Peut être faut il plusieurs vies aujourd'hui pour nous sortir de nos conditionnements aussi aberrants qu'invalidants. Nous sommes tous manipuler et nous commençons par nous manipuler.

Accuser les autres est un leurre, une illusion de notre mental: regardons à l'intérieur ce qui se passe et nous verrons que nous sommes les seuls responsables de ce qui nous arrivent. Nous créons notre quotidien d'après des conditionnements d'enfants, des croyances limitantes et des mémoires de familles.

Peut être est ce un peu dur de prendre cette réalité en face car vous allez me dire mais la maladie on ne la demande pas? Et bien si quelque part. la maladie est souvent le résultat d'une non écoute de notre corps, de nos émotions. Le corps parle la ou les mots ne peuvent s'exprimer. C'est ce que l'on appelle la somatisation. Nous sommes faits d'émotions et elles ont leur sens dans notre être/ Elles sont là pour nous prévenir de ce qui se joue en nous. La colère nous révèle que quelque chose ne nous convient pas or ne pas en parler ne la fait pas disparaitre et on retrouve des gens qui " pètent les plombs" sans que l'on en comprenne la raison. Ils ont accumulés des non dit mais c'est bien resté au chaud en eux. Ils se mettront à "ruminer" et l'estomac va travailler sans cesse entrainant dans sa course la rate et le pancréas. Bilan les organes trop sollicités marchent moins bien...L'organe maitre derrière la colère est le foie, mal au foie, crise de foie: n'y a t il pas de la colère non exprimée derrière ces symptômes?

La peur elle est là pour alerter notre corps d'un danger réel mais nous sommes en permanence en état de peur. Le stress est une peur " de ne pas être à la hauteur, de ne pas pouvoir etc." et derrière la peur c'est les reins. Lorsque l'on a très peur, on fait pipi. Il peut en ressortir des infections urinaires, des blocages.

La tristesse c'est l'émotion qui nous fait dire qu'il y a un manque un vide et liée aux poumons. Lorsque l'on pleure on suffoque: asthme, bronchites.

Et enfin la joie qui est une belle émotion de bonheur et qui a sa place dans le cœur, manque d'amour ou de joie: problèmes cardiaques et il y en a.....

Nos symptômes sont révélateurs de notre état émotionnel.

Si l'on commençait par se connaitre et reconnaitre les signaux de notre corps ce serait une grande avancé.

On prend conscience de la belle machine que nous habitons et nous commençons à la regarder différemment. La respecter, l'aimer, et l'admirer sans en devenir narcissique, non juste un beau regard.

Combien peuvent dire aujourd'hui qu'ils s'aiment ? Je ne vous vois pas mais je sais que les trois quart vont dire « c'est vrai », une minorité « ah non moi je m'aime « mais hélas là ce sont les narcissiques dans toute leur structure et enfin, enfin quand même un petit nombre me dit » oui c'est vrai je m'estime et me trouve bien » sans une arrière-pensée. Bravo !!!!

Il y en a hélas trop peu.

Avez-vous pensez au formatage que nous recevons sur le corps parfait, perfection de la télévision et des médias. Bientôt les pauvres mannequins vont devoir marcher sans leurs jambes car elles auront perdu un os…peut être entamons nous un temps de transparence ou il ne faut plus être vu pour plaire ?

Si l'on remonte à un certain Age, il fallait de la rondeur, de la blancheur, de la grandeur….bref tout ce que l'on n'est pas, et si tout simplement la femme était belle dans l'instant où elle se sent bien, nue ou habillée, grande ou mince peu importe juste dans le corps ou l'âme est bien, heureuse et gaie, surtout gaie….

Avez-vous aussi ces beaux apollons, les tablettes de chocolats, waouh ça n'existe qu'au cinéma. Après 50ans ou sont les tablettes si ce n'est dans le placard ou alors dans le dos comme dit mon ami et c'est pour ça qu'il a mal au dos…..

Après un certain Age, la peur que se corps se transforme en « plus vieux » pousse les gens à aller au-delà de certaines limites. Ils ne supportent pas l'image de ce corps vieillissant, de ces rides qui marquent le temps passé et de ne plus pouvoir….Qu'est qui n'est plus supporté, ce qu'on perd ou vers quoi on va ? A vouloir rester jeune c'est aussi un refus de mourir, d'aller vers la fin. Il y a les prise de conscience que, hélas nous ne sommes pas éternel. Profonde déception, ou retour dans la réalité ?

Nous passons beaucoup de temps dans des illusions, illusion que la vie ne s'arrête pas, illusion que tout va aller si j'ai un travail, si j'ai de l'argent, si j'ai un corps parfait, si j'ai un ami….mais où est la réalité la dedans ?

La réalité c'est qu'une vie c'est capital, important de la vivre c'est ce qui doit passer avant tout. La réalité c'est qu'en acceptant la vie, j'accepte la mort, la réalité c'est qu'en vivant je peux souffrir, la réalité c'est que la vie n'est faite que de ce dont l'on a besoin, qu'elle est magnifique et porteuse de sens, si on ne met pas la tête dans le sable.

Sortons un peu le nez dehors. Prenons nos baskets et allons faire un tour, juste un petit tour en bordure de mer. Je vous prend par la main et vous demande de retirer vos chaussures et de marcher dans le sable. Ressentez les grains sous vos pieds, l'odeur iodée de la mer, la chaleur du soleil sur votre peau, les couleurs de la terre, de la végétation et respirez cet air qui va dans vos poumons….n'est-ce pas magique ? Une œuvre d'art à la portée de tous.

A trop vouloir nous concentrer sur ce qui ne va pas, on oublie de vivre et de voir tout ce que nous avons. On oublie le simple fait de respirer et comment cette belle machine qui est notre corps transforme l'air en énergie. Fabuleux !

Il est temps pour nous de nous réveiller, de sortir de ce doux méandre ou nous sommes glissés, dans ce ronron des pensées, dans ce mental en action, dans cette course à la vie…

J'aimerais que la conscience de cette vie puisse toucher chaque être afin de transformer la vie en un bonheur perpétuel. Il ne faut pas grand-chose, juste être là bien présent, ressentir, vivre et laissez le bonheur inonder notre cœur.

Je n'ai pas toujours eu cette lumière active dans la chambre de bonne. Il fut un temps où tout était bien noir et bien sombre. Je pense être comme tout le monde mais j'ai pris le temps de réfléchir sur moi, sur le monde et m'informer, car je ne crois rien si je ne l'expérimente pas. Sans doute un besoin de confiance mais aussi un acte naturel pour un enfant qui valide les choses qu'une fois les avoir expérimentées. J'ai recherché des réponses et j'ai trouvé sur mon parcours des gens de grande bonté ou des gens moins….J'ai cherché à travers la science : médecine, psychologie, physique, chimie, univers ….des réponses….

Aujourd'hui qu'est-ce que j'en tire ? Un peu de lumière qui éclaire ma chambre de bonne !!!! J'ai aussi choisi un électricien pour compléter ma vie, sans doute un message qu'il me fallait de la lumière…..

Je vais vous conter mon histoire mais pas pour vous endormir, du moins je l'espère afin que celle-ci puisse vous parler ou vous apporter à vous aussi un peu de lumière dans les étages supérieurs.

Si vous vous endormez c'est pas grave, un livre se prend et se laisse….

Comme vous le savez tous, c'est nous qui choisissons notre famille et notre naissance, donc un jour j'ai décidé qu'il était important pour moi d'arriver dans ma famille.

Famille terrestre

Je me suis retrouvée petite fille née en fin d'année, sagittaire ascendant balance. J'étais la deuxième, c'est donc la place que je voulais tenir....très inconsciemment. Si je dis cela c'est que je me suis toujours sentie le petit canard pas forcément désiré. Mais c'était avant de savoir que c'était mon choix...C'était donc pas que mes parents ne me désiraient pas, mais sans doute je devais travailler dans cette famille le sentiment de désiré ou pas pour apporter l'éveil au sein de l'ensemble de la généalogie. Lourde tache que je m'étais investie, inconsciemment ...Le choix de se que l'on a à faire sur terre nous l'avons en nous mais nous ne nous en souvenons plus. Quelle dommage, cela serait plus facile pour tous. Néanmoins, nous pouvons ressentir si ce que nous vivons coïncide avec notre cœur et encore une fois il faut se mettre à l'écoute de ce qui se passe en nous.

Avec un peu de bonne conscience, nous surinvestissons nos parents de tous les malheurs de notre monde. Que font-ils au juste ? Ils essayent de nous apporter ce qu'ils ont eu du mieux qu'ils peuvent. Si dans une famille les émotions d'amour ne se matérialisent pas par des effusions pourquoi attendons-nous que nos parents le fassent ? Nous pouvons aussi car nous en avons le choix allez vers eux et les prendre dans nos bras, et de ce fait leur indiquer ce que nous souhaitons. Petit cela reste difficile et nous attendons que cela arrive.....grande déception ce qui génère une frustration qui perdurera dans notre devenir d'adulte et nous allons surinvestir le conjoint et attendre ce que nous avons pas eu de nos parents ,de lui bien sur....Après les parents le conjoint ou conjointe.....Nous sommes sans cesse à rechercher de l'extérieur les besoins d'amour que nous n'avons pas eu de la façon dont on le pensait. Mais avons-nous été réellement en carence ? Nos parents étaient-ils des monstres qui laissaient dans une cave avec un morceau de pain rassit ?

Je ne parle pas, bien entendu, de cas particuliers qui peuvent exister mais là, paradoxalement les enfants en veulent moins à leurs parents et au contraire, tout est interprété comme marque d'amour, même les coups.

L'amour se porte de façon différente et peut se manifester de plein de manière. Des parents peuvent penser que leur preuve d'amour est que l'enfant ne manque de rien et acheter tout ce qu'ils peuvent pour lui faire plaisir.

A travers ces manifestations, c'est peut être une interdiction inconsciente de se toucher, d'être dans le contact, ou que le matériel prouve l'amour (cela on le retrouve souvent) mais cela peut être aussi une façon de toujours vouloir faire plaisir aux autres et donc là on serait sur un driver mis dans l'enfance par le parent.

Les comportements humains ne sont pas si simples et ne méritent pas un jugement aussi dur que l'on peut attribuer.

Comment cela se passe-t-il ? Si l'on veut comprendre il faut revenir sur le stade de l'enfant, voir avant sa naissance. La première impulsion c'est le choix que va faire les parents : désiré ou pas. Cela donne déjà une première impulsion de vie au futur adulte.

Donc, j'en reviens à mon histoire et je suis dans le ventre de ma mère. Je sais que mon père voulait une fille et que ma mère avait des problèmes de santé et donc cela pouvait compliquer le fait d'avoir un autre enfant. Néanmoins, ma mère a pris la décision de me concevoir malgré ces difficultés, bien sûr avec mon père : c'est mieux….

Il y a avait déjà un garçon au grand bonheur de mon grand-père qui avait souhaité en avoir un et avait eu deux filles. On voit déjà se pofiner au travers de ma famille une problématique au niveau de ma mère : il voulait un garçon…Elle a dû porter en elle l'échec de ce garçon et du ressentir « je ne suis pas désirée «, bien sûr en tant que fille puisque elle a déçue son père. On retrouve ce que j'ai pu ressentir donc finalement ce n'était peut-être pas à moi mais à ma mère, peut être aussi à mon père mais je n'ai pas assez de renseignements.

Voilà, l'impulsion est donnée, mes parents me veulent mais en arrière fond un « je ne suis pas désirée ». L'enfant capte mais ne sait pas si c'est pour lui ou un héritage.

La maman lorsqu'elle est en attente de l'enfant se remémore ses premières périodes, son enfance et tout se repasse dans son cœur, pas forcement consciemment. Nous sommes sur du subtil et de l'émotionnel.

J'ai eu un ressenti très fort du ventre de ma mère. Aujourd'hui je matérialise le ventre en ma maison et je suis en inertie avec un profond de tristesse et une peur. Je pense que c'est le ressenti qui s'est fait en moi. Bloquée dans ce ventre protecteur mais coupé de liens avec ma maman. Elle avait des soucis de santé et mon frère et a l'époque il était pas parlé autant de ce que pouvait ressentir l'enfant. Donc elle vivait sa grossesse sans forcement investir ce nouvel enfant. Je ne blâme personne ce n'est que mon ressenti et aujourd'hui je sais au plus profond que ma mère m'aime.

Un enfant pleure t il dans le vente? J'ai eu le sentiment que oui.....Ce que cela m'a renvoyé une fois adulte, c'est l'impression de statique chez moi dans ma maison, que j'étais coupé de mes connexions, que rien ne passait et lorsque je pars tout va mieux et la vie s'active. Cela renvoi un message que notre nid est la représentation de la façon d'on nous avons été porté.

L'enfant jusqu'à ses 12ans, a peu près, est dans un registre émotionnel et pas du tout rationnel car pour cela il lui faudrait un cerveau finalisé, ce qui n'est pas le cas.

Ce qui explique que nous ayons peu de souvenirs de notre enfance car nous n'avons pas cette capacité intellectuelle, nous pouvons ressentir l'émotion qui nous habitait et au travers de ce qui nous est rapporté, nous faire le film de notre enfance.

J'ai aujourd'hui beaucoup de patients qui viennent me voir car ils ne se souviennent pas de leur enfance. Je les rassure, moi non plus. C'est normal, si l'on ne parle pas beaucoup dans une famille comment l'enfant peut-il se souvenir alors qu'il n'a pas toutes ses capacités intellectuelles, sauf exception. Replongez-vous dans votre passé, dans votre enfance. Vous vous allongez, respirez plusieurs fois en prenant conscience de votre respiration et en prenant conscience de la détente qui s'installe en vous. Descendez au plus profond de vous afin de ressentir les émotions qui vous habitaient dans votre enfance pour cela aidez-vous de vos souvenirs d'un lieu, de personnes etc., et ressentez. Comment est votre état émotionnel ?

Vous pouvez aussi allez voir votre enfant intérieur qui vous dira comment vous étiez enfant. Même technique respiration, détente mais vous demandez, et vous le faites réellement, haut et fort de rentrer en contact avec votre enfant intérieur. Pour cela vous posez votre main sur votre ventre et laissez-vous aller, ne rien pensez juste laissez venir les images, les sensations. Vous serez sans doute surpris. Néanmoins, s'il ne se passe rien, pas de panique c'est peut être que vous êtes dans une attente trop forte. Vous reviendrez.

Donc, un enfant est une boule émotionnelle jusqu'à la fin de sa conception physique et ne communique que par l'émotionnel et non rationnel. Je vais heurter des parents, mais non l'enfant ne fait pas exprès de nous embêter jusqu'à sa maturité physiologique. L'enfant ne va se développer que par expériences et validation. Il tombe, ça fait mal, il inscrit. Il parle et regarde ce que ça fait et inscrit. C'est un beau perroquet ou magnétophone. IL reproduit ce qui lui est transmis, dit, fait et donc s'il fait des expériences chez vous et que cela vous énerve c'est qu'il la vue et qu'il teste à la maison. Mais tirons aussi profit que s'il nous énerve nous sommes nous aussi dans une émotion et donc il a réveillé une souffrance en nous.

Pourquoi ils nous énervent ? Qu'a-t-on peur de perdre ? Notre autorité ? Notre rôle ? C'est peut être que nous ne nous sentons pas à la hauteur à la base et qu'ils réveillent ces souffrances. Si je suis bien dans mes baskets et que je me fais confiance, ce n'est pas l'enfant qui va me déstabiliser, je vais regarder et vu que je n'ai rien à lui prouver, car je me connais, je lui répondrai tranquillement. N'est-ce pas ?

Les enfants sont nos révélateurs de nos souffrances et à travers eux nous pouvons nous guérir….Ils ne sont pas contre nous mais étant dans l'émotionnel ils nous renvoient les émotions qu'ils ressentent. Servons en nous….

Merci les enfants !

Ceci met en lumière notre positionnement qui n'est pas toujours le bon, alors peut-on en vouloir à nos parents alors que nous faisons pareil ?

Je reviens à ma petite histoire et je pars déjà avec une induction en moi qui va rester et se conforter ou pas. Mes parents n'étant pas dans l'effusion ni les démonstrations affectives, j'ai conforté pendant des lustres cette doctrine en moi, en pensant que finalement : pourquoi j'étais là ?

Bien sûr, aujourd'hui je sais mais cette révélation ne m'ait pas tombé sur la tête du jour au lendemain. J'ai gardé cela en moi et bien évidemment, je l'ai fait passer à mes enfants. Je les rassure mes deux enfants, je les aime très fort et quoi que les situations aient pu être difficiles chaque grossesse fut un choix de ma part, peut-être pas dans le début mais bien après.

C'est un travail sur moi qui m'a permis de comprendre. Un travail de 20ans sur tout le mal être que j'ai pu ressentir et non réel. Nous sommes bien sûr du ressenti.

J'ai traversé mon enfance en me sentant différente et en me mettant toujours en retrait. Ce n'était pas un choix de mes parents et je les rassure, ils ont été de bons parents et je les aime aussi très fort.

Comment se passe notre évolution ?

On l'a vu, on nait dans un état émotionnel et l'on garde cet état pour vivre et communiquer jusqu'à nos 12ans. Je vais me servir de l'analyse transactionnelle de Monsieur Eric Berne, qui met en lumière nos processus. Je pense que l'analyse transactionnelle devrait être au programme scolaire rapidement comme cela nous aurions de la chance d'avoir des gens qui communiquent mieux et beaucoup moins en souffrance dans leur adulte. Messieurs les ministres, a votre écoute !!!

M. Berne a défini trois états du moi : état du moi parent, état du moi enfant et état du moi adulte.

L'enfant nait donc dans un état du moi enfant purement émotionnel et pour approfondir dans l'état du moi enfant libre, c'est-à-dire qu'il peut exprimer librement toutes ses émotions n'étant pas conditionné encore ou formaté. Il peut dire « je t'aime ou je te hais ». Il peut courir, sauter, se promener nu, bref pas tous nos interdit de société et de nos croyances.

Nous conservons cet état du moi en nous lorsque nous sommes dans l'intimité car nous n'avons pas besoin de notre mental là, du moins je l'espère pour vous, juste de nos sens. Si nous sommes dans notre mental à penser à la meilleur position ou qu'est que va en penser l'autre, à ce moment les sensations ne sont pas bonnes…..Nous le retrouvons aussi dans notre esprit créatif, même lorsque l'on fait la cuisine, c'est du créatif !!!!

L'enfant en face de lui à ses figures parentales, parents ou autres, et il va y avoir le parent normatif (celui qui dicte les règles) et le parent bienveillant (le protecteur).

Nous avons les deux en nous car nous pouvons tout aussi bien dire ce qu'il faut faire mais aussi être dans l'attention protectrice. Les rôles ne se définissent pas comme le père normatif, la mère bientraitance….Nous sommes les deux à tour de rôle.

Donc cet enfant voit en ses parents leur mode de communication suivant le registre ou ils se trouvent. S'ils sont en train de jouer à un jeu de société, tout le monde sera dans un enfant libre, s'il voit maman en train de les disputer parce que la chambre n'est pas bien rangé : parent normatif et enfin papa qui dit de prendre une veste parce qu'il fait froid : parent bienveillant. J'ai fait exprès d'inverser les rôles….

Donc il commence à créer en lui ses futurs état du moi : moi parents qui ne sont que des répliques des parents (donc pour nos parents aussi ils n'ont renvoyés les états parentaux de leurs parents). Souvent on s'entend dire « je parle comme ma mère… »

Devant ses figures parentales, l'enfant va faire un choix inconscient de son mode de fonctionnement qui sera celui qu'il va utiliser dans son adulte (adulte physiquement), c'est-à-dire devant une figure parentale très forte, l'enfant peut faire le choix de se mettre en enfant adapté et dire « moi je ne ferai pas de vagues, je veux passer inaperçu », ou au contraire « papa dit blanc moi je dirai noir » et là c'est un choix d'être dans l'enfant Rebel.

Commencez-vous à votre attitude dans la vie : êtes-vous je ne fais pas de vagues ou je dis l'inverse ?

Ce que l'on voit c'est qu'il a 3 sous registres dans l'état émotionnel de l'enfant : enfant libre, enfant adapté, enfant rebel. Il y en a un autre que tout le monde a aussi c'est le petit professeur c'est lorsque l'on préfère faire par soin même sans lire une notice, par exemple. Le petit bricoleur sans aide. Ce serai trop facile avec la notice d'emploi….mais par contre on accepterait bien la notice d'être parent…Je rassure, il n'y en a pas !

Après 12ans, une fois que toutes nos capacité sont rentrées en nous, on peut intégrer la dernière position soit l'état émotionnel adulte. C'est l'état qui nous permet d'être le plus objectif et neutre sans émotion. Si vous parlez à une personne dans l'émotion vous n'êtes pas dans votre adulte, pas dans la neutralité et l'objectivité.

Dès qu'il a émotion vous êtes dans votre enfant.

Comment communiquez-vous ?

Ca perturbe car en fin de compte si l'on veut bien se considérer objectivement, nous communiquons les trois quart du temps dans un registre émotionnel, même dans le cadre du travail, ce qui pose de réels problèmes. Heureusement il y a les formations et les formatrices ce qui fera l'objet d'un autre livre sur le « parcours d'une formatrice ».

Cela met un peu de lumière sur nos personnalités ou tout du moins sur notre façon de communiquer.

Etes-vous un enfant Rebel ou adapté ? Il n'y a aucun jugement c'est un mode de réadaptation que nous avons choisis inconsciemment, mais aujourd'hui en prenant conscience vous pouvez travailler dessus et évoluer dans un bon sens, tout du moins gagner en objectivité, donc intégrer votre adulte.

Si nous sommes dans une émotion nous ne pouvons pas communiquer, tout ce que nous communiquons dans l'instant c'est déverser l'émotion qui remonte. Cette émotion prend une telle place qu'il nous impossible, dans l'instant d'être objectif et de regarder à distance la situation. La plupart de nos décisions sont prises à chaud et nous regrettons. Combien de fois vous êtes-vous dit ou à l'autre, « ce n'est pas ce que je vous lais dire ou faire » ? C'est vrai très souvent car nous ne sommes pas dans la méchanceté et nous ne souhaitons pas consciemment faire du mal encore plus lorsque nous aimons la personne mais l'émotion étant trop forte les mots ou les gestes sortent.

J'ai parlé des émotions et dès leur importance en nous car elles nous permettent de nous adapter au monde autour de nous. Mais il peut y avoir de fausses émotions qui sont plus sur le registre de l'égo. Ah ! Monsieur Ego arrive !!!

La peur d'être ridicule, de se perdre, de perdre le contrôle, de paraitre, etc. Ceci ce sont des fausses peurs générées par notre mental.

Qui vous dit que vous êtes ridicule qui vous juge ? Si ce n'est vous….Qui va perdre le contrôle ? Le mental au détriment des sens ? Mais ne sommes-nous pas sens avant tout et les premières lignes étaient le sens de la vie. Si nous ne nous raccrochons pas à nos sens comment pouvons-nous comprendre le sens de la vie ?

Quel dilemme !

Si je reste dans le mental, je me perds et si je passe dans mes sens j'ai peur de me perdre…Posez-vous la question de ce que vous allez perdre ou gagner ?

N'est-il pas plus important de ce reconnecter à soi, de se respecter, de se connaitre que de vivre pour les autres, dans des illusions et du paraitre ?

Je vais rajouter une couche car en plus de nos états du moi il y a les drivers….

Nos drivers sont des modes de conditionnements inconscients. Il y en a 5. Nous allons trouver : le moi parfait, dépêches toi, fais plaisir, fais des efforts, sois fort.

Ce sont des petites phases qui induiront notre façon de vivre. Elles ont en réaction à des injonctions données dans notre enfance par nos parents, bien sûr ce n'est pas ce qu'ils attendaient de nous mais c'est ce que nous avons pensé avec notre petit cerveau d'enfant.

Pas un parent ne demanderait la perfection à un enfant car nous savons tous que la perfection n'existe pas. Qu'est-ce que la perfection, en rapport à quoi, à qui ?

Chacun de ces drivers se manifeste par des intonations, des gestes, des postures et des mimiques qui pourront nous faire comprendre que nous sommes passés dans notre histoire et que nous redevenus des petits.

Le driver « sois parfait » va se manifester par des mots type « parfait, voilà » et une obligation de beaucoup de détails pour bien se faire comprendre. Comme vous le voyez il me reste du moi parfait, j'espère que vous comprenez bien ?…. La position est souvent droite, bien placée. L'apparence est souvent soignée. Le regard est penseur vers le haut ou sur un côté. En nous il se manifeste par un besoin de perfection, il faut tout bien faire et si ce n'est pas le cas, il remonte un profond sentiment d'échec entrainant une dévalorisation. Les personnes sont très dures envers elles même car elles n'acceptent pas la faute ou les reproches qui pourraient leur faire un retour d'imperfection.

Le driver « fais plaisir » la personne va toujours employer des mots positifs envers l'autre et négatifs envers soit. « Vous êtes formidable mais je ne suis pas au votre hauteur ». Elle s'interdit tout plaisir pour elle et ne pense qu'à celui de l'autre. Tout ce qu'elle fait est dicté dans la pensée pour l'autre. Elle renvoi beaucoup d'interrogations sur vous : « vous vous sentez bien, vous voulez quelque chose ? «

Sa voix sera dans le questionnement donc haute un peu larmoyante. Elle hoche souvent de la tête afin de vous faire comprendre que c'est bien ce que vous dites. . La posture est un peu voutée, repliée sur soi en avant. Les yeux recherchent souvent notre aval. Ce sont des personnes en attente et qui vivent de grandes frustrations.

Le « fais des efforts » la personne va utiliser souvent des expressions comme « je fais des efforts, j'essaie ou je vais essayer, difficile, je ne peux pas, je ne comprends pas, c'est trop dur, ou des onomatopées : hein, ha, hum…. »

L'intonation voix étouffée ou étranglée. Le corps est tendu les mains sur les genoux, expression ramassée. Les personnes plient souvent le front, les yeux, tout parait plissé.

Le « sois fort » : nous nous retrouvons devant une personne qui va mettre tout ce qui lui arrive sur l'extérieur : « tu m'énerve, ce livre m'ennuie, l'idée me vient, son attitude m'a obligé… » Expressions impersonnelles de soi comme : »on, vous, nous mais rarement je ». L'intonation est neutre, monotone et basse, absence de gestes, posture souvent fermée, bras croisés. Le corps traduit l'immobilité tout comme le visage.

Le « dépêche-toi » : les mots : »vite, bouge, pas le temps » intonation : hachée, rapide, mange les mots, gestes : impatient, pianote, se tortille sur sa chaise, mimiques : changement rapide de direction du regard.

Vous pouvez vous demander si je ne parle pas chinois ? Regardez-vous et regardez autour de vous. Que voyez-vous ? Essayez de vous définir : aujourd'hui nous avons vu les états du moi, les drivers, vous pouvez déjà voir les influences du passé.

Alors ces drivers comment viennent-ils ? Ce sont nos parents ou tout du moins ce qu'ils nous disent qui nous pousse à réagir en mettant en place des formes de fonctionnement qui nous semble être ce que souhaitent nos parents. Cela peut être fait de façon direct ou indirect car si pendant longtemps nos parents nous ont répété tous les jours : » mais dépêches toi » nous pouvons alors avoir mis se driver en réponse ou faire l'inverse suivant si nous sommes adapté ou Rebel. C'est subtil car il n'y a à la base aucune intention de nos parents juste notre adaptation à ce que nous pensons qu'ils attendent de nous.

Ces drivers sont de véritables fléaux de notre personnalité réelle car si nous sommes dans le faire plaisir, nous allons passer notre vie à faire plaisir à l'autre sans s'accorder la moindre considération et il va de soi que bon nombre de frustrations vont en découler. Car lorsque les reproches arrivent il y aura une tendance à dire » après tout ce que j'ai fait pour toi » mais qui le demande ? Si nous faisons les choses c'est parce que nous le voulons bien et pas en attente d'une contrepartie. Nous devons réapprendre à ne rien attendre de nos actes, nous les faisons si nous voulons bien les faire et après nous nous en dépossédons. Combien de fois ai-je entendu : « je viens de me séparer et il m'a redemandé ma bague »….pourquoi ? Si c'est offert c'était que dans l'instant cela nous faisait plaisir et aujourd'hui la personne que j'ai le plus aimée ne mérite plus cette bague donc la bague était une appartenance au couple et non un cadeau réel et sincère d'une affection. Qu'est ce qui est voulu dans cette action : faire mal à l'autre : » tu m'as fait mal je te fais mal ». Donc il y a « une non acceptation « des choix de l'autre et un besoin de contraindre l'autre par le matériel dans l'amour. L'amour et le matériel ne font bon ménage...

Après vient aussi une forme de conditionnement dans le temps ce sont les messages scénariques. Ca y est je remets une couche supplémentaire !

Nous allons en trouver 6 :

- Avant,
- Après,
- Jamais,
- Toujours,
- Presque,
- Sans fin qui marche avec les drivers souvent.

Avant : si je suis sur un processus scénarique avant ma devise dans la vie sera » je ne peux m'amuser avant d'avoir fini mon travail ». De ce fait nous allons trouver des personnes qui ne s'autorisent jamais à prendre du bon temps car il aura toujours des impératifs avant.

Après : la devise sera : »je peux m'amuser aujourd'hui mais je le payerai après ». Il y aura toujours du négatif derrière des moments de plaisir, comme ci la vie portait des belles choses mais qu'il y a derrière à payer le prix: culpabilité ?

Jamais : la devise : » je ne peux jamais obtenir ce que je désire le plus», tout est négatif, or la personne ne fait rien pour. Elle veut rencontrer l'homme de sa vie mais ne sort pas de chez elle...a par le facteur qui peut venir...

Toujours : « pourquoi est-ce que c'est toujours à moi que cela arrive », un câlineront, c'est toujours moi : une victime. Un sentiment d'éternel recommencement et que la vie s'acharne.

Presque : « j'y suis presque arrivé », c'est la personne qui va tout commencer et rien finir, j'y suis presque…Elle a du mal à croire en ses capacités et ne se voit pas finir. Ce qui fait que la vie sera toujours sur un sentiment d'imparfait et de frustration.

Sans fin : c'est comme avant ou après mais avec un sentiment de grand vide derrière, il n'y a pas de propositions bénéfiques anticipées. Qu'est qu'on va bien pouvoir faire de lui ? Comment va-t-il passer son temps ? Aucune projection.

Je pense que cela vous parle ou que vous retrouvez des expressions de vos parents qui ont fait que cela a formaté une partie de vous. Ne leur en veuillez pas ils n'avaient cette intention en employant certaines phrases, sinon nous serions tous à bannir !

Les drivers marchent souvent de pair avec les processus scénariques : le sois parfait va souvent avec avant, fais plaisir avec après, sois fort avec jamais, fais des efforts avec toujours. On peut avoir plusieurs drivers comme fais plaisir et fais des efforts avec presque, fait plaisir avec sois parfait avec presque ou sans fin.

Il existe un antidote aux drivers, heureusement ainsi qu'aux processus. Pour le sois parfait : sois toi-même, le fais plaisir : fais toi plaisir ou fais le si ça te fais plaisir sinon fais le pas, sois fort : sois ouvert et exprime tes besoins, fais des efforts : fais-le, dépêche-toi : prends ton temps.

Aux processus scénariques l'antidote commun à tous : vivre l'instant présent, sans accroche ni du passé, ni de l'avenir je fais dans l'instant sans regrets ni anticipations, je le fais parce que ça me plait.

Je pense que déjà vous devez avoir compris certains processus en nous et mis en avant que le passé est au présent chez vous et vous empêche d'évoluer librement…..

Pour reprendre ma petite histoire, mon conditionnement était « sois parfait, fais plaisir avec un avant, donc dur pour moi de pouvoir faire des choses dans le plaisir. En travaillant sur soi nous nous libérons de nos entraves. Aujourd'hui je ne suis plus dans ces processus mais des fois ils remontent mais je les regarde avec amour car c'est un reste de moi, de mon enfance et c'est avec gentillesse que je le laisse passer.

Si je récapitule ce que je viens de vous marquer vous allez penser que nous sommes tous des enfants , que nous n'avons pas grandi car nous vivons dans le passé avec une communication émotionnelle et donc bien loin de l'adulte…et bien c'est cela ! Nous pensons être des adultes mais il n'en est rien. Nous communiquons avec nos enfants dans un registre émotionnel de l'enfant et nous voudrions qu'ils nous prennent pour des adultes….Pas sûr que ça marche. La preuve nous sommes tous en souffrance. Nous disons à nos enfants : « fais pas si fais pas ça « mais sans justifier le pourquoi juste » ça se fait pas ». Ça c'est de la réponse….Pour le coup pauvre enfant !!! N'oublions pas, mesdames, messieurs les parents qu'un enfant a la faculté de ressentir bien mieux que nous donc quand nous ne leur disons pas la vérité ils le ressentent c'est comme si il y a avait un écriteau sur nous » c'est pas vrai mais je peux pas dire ». Un exemple : monsieur aime pas la soupe mais il dit à son fils qui ne veut pas manger la sienne par imitation de son père ou par gout « mange ta soupe c'est bon pour toi », sur ce le fils répond » pourquoi tu en mange pas ? » Et la réponse « tu feras ce que tu veux plus tard lorsque tu seras grand ». C'est clair pour vous ? Si par exemple votre femme ne sait pas cuisiner, que les pâtes et après 15 jours de pates, vous rentrez et lui dites « encore, j'en peux plus des pates » et elle gentiment vous répond « bien tu feras ce que tu veux lorsque tu te décideras à faire la cuisine ».

Dans les deux exemples, il suffirait de verbaliser d'expliquer pourquoi dans le premier cas il est important de manger des légumes et que la réponse c'est pas d'être grand qui permet cela mais de faire des choix de gout, en ayant tout de fois gouté, donc lui répondre : j'ai déjà mangé de la soupe et le gout ne me convient pas mais pour toi il faut que tu goutes afin de te faire tes choix après tu pourras me dire je n'aime pas et je n'en veux pas mais parce que je n'en mange pas mais parce que le gout ne te plait pas. Ce qu'il est important mon fils, c'est pas d'imiter les personnes mais d'être une personne qui a ses propres choix et envie. Je serai fière de toi si tes gouts ne sont pas les miens ni ceux de ta mère mais tes choix. »

Dans le deuxième cas, il aurait été préférable de ne pas attendre 15jours avant d'exploser et agresser la pauvre conjointe mais de lui demander : « que pourrions-nous faire tous les deux afin de changer des pates » et ainsi ce met en place un apprentissage sans dévalorisation de la personne car si elle ne l'a pas appris elle ne peut pas savoir.

Nous communiquons très mal et surtout de façon très agressive comme si l'autre savait, il était dans notre tête. Mon dieu « sort de ce corps qui est mien ». Nous avons chacun notre histoire de vie, notre façon de percevoir les choses qui nous a été transmise par notre éducation, par l'endroit où nous sommes né, bref il est impossible que l'autre sache ce que nous pensons. Chaqu'un est dans son monde, sa bulle.

Remettre la communication au gout du jour est une chose intéressante et capitale. Exprimez ce que nous sentons (émotions) et ce que nous pensons (pensées) serait un bon début de se faire connaitre et dire à l'autre ce que nous souhaitons ou pas. Mais nous nous disons « si je dis ça, l'autre va entrer dans mon espace et je serai à découvert ». Ce qui prouve bien que nous ne recherchons que des échanges superficiels, par peur. Peur de perdre le contrôle, peur d'être jugé et plus aimé, peur de tout ce qui fait que nous restons seuls même en couple.

Combien de couple peuvent dire qu'ils se connaissent et connaissent réellement leur conjoint. Je ne parle pas des habitudes de vie : il boit le café noir, sans sucre etc., non une réelle connaissance des émotions de l'autre. Comment l'autre ressent les choses, comment il gérer les émotions, comment il communique et des peurs ?

Je ne suis pas devant vous mais je ne pense qu'il y en est beaucoup. Nous connaissons que la superficie ce que l'autre à bien voulu nous laisser voir sans crainte de se perdre. Il nous parle de son histoire de famille, de ses déceptions, de ce parcours difficile mais rien de profond ou objectif qui ferai dire « là je reconnais que la vie m'avait apporté des choses et que n'ayant pas voulu entendre je me suis pris un mur, ce n'est pas l'autre c'est bien moi mais j'en tire aujourd'hui pas de la colère pas de la rancune mais une expérience qui m'a permis d'avancer ».

Notre problème a tous c'est de vivre caché, derrière des masques que nous sommes donnés tout petit. Nous jouons encore : sommes-nous adultes ??? Bonne question.

Il y a tant de peur de se montrer nu devant l'autre. Il est plus facile de faire tomber son caleçon que de parler de soi, n'est-ce pas ? Et des fois nous préférons passer à l'acte plutôt que de parler. Les risques sont pas les même....

Il y a toujours ce jeux de séduction, » je veux plaire à l'autre à tout pris » même si cela ne me correspond pas et le jour ou le masque tombe c'est la douche froide : »mais je t'ai vu comme ça » ce qui est vrai. Nous nous refusons et nous préférons rester sur du paraitre car nous avons une piètre image de nous-même. Nous sommes les pires juges qu'il peut exister. Nous sommes toujours en train de nous protéger des autres mais l'attaque vient de l'intérieur. Qui nous protège de nous lorsque nous nous disons » je suis moche, bête etc. ». Qui dit ça ? Qu'elle est la partie de nous qui dit ça ? Pourquoi nous voyons nous tel que nous ne sommes pas ? J'ai rencontré dans mon travail beaucoup de personnes très belles qui se percevaient comme des monstres en puissance. Si les monstres leur ressemblent nous ne devrions plus en avoir peur...Elles voyaient en leur corps qu'elles étaient grosses (40kg, 1m 70), si elles sont grosses moi je suis mobidick.... Pourquoi cette déformation déjà dans l'apparence corporelle qui est l'image qui est tournée vers l'extérieur ? N'est-ce pas plutôt l'image négative qu'elles ont d'elles et qu'elles projettent sur ce corps, n'est-ce pas l'intérieur qui est négatif ?

Pendant longtemps, je fus une petite fille rondelette, puis une femme très rondelette...Mais ce qui m'a le plus parlé c'est que du jour ou j'ai pris une décision dans ma vie, mon poids a fondu comme neige au soleil, sans régime. Mes kilos étaient juste une protection, une projection de ce qui se passait en moi, un reflet de mon être. M'étant remis dans mon chemin de vie, ils sont partis car ils avaient plus leur utilité, a savoir attirer mon attention. Je me suis questionnée : mais qu'est ce qui ne va pas ? Je me suis rendu compte que je vénérais les mannequins et leur petit poids, que je voulais tout simplement pas être moi mais quelqu'un d'autre. J'ai commencé à me regarder différemment et je dois le dire à m'apprécier voir aujourd'hui à m'aimer telle que je suis et non telle que j'aurais aimé être (qui n'était encore qu'un formatage de société). J'ai vu au fil du temps mon corps changé et aujourd'hui je suis mince mais pour moi ce n'est pas le problème, je suis avant tout bien dans ma peau et mon corps me correspond. J'ai accepté d'être qui je suis avec mon identité, mes os, ma peau, ma pudeur mes envies et mes choix. Aujourd'hui je me respecte pour qui je suis même si des fois je peux redevenir mon pire ennemi. Il faut être gentil avec soi mais de temps en temps je me botte les fesses, gentiment !

Ce besoin de me cacher derrière des rondeurs était aussi intimement lié au fait que si je plaisais je risquais de souffrir car de plaire. Il fut un temps ou certains ont pu abuser de mon corps sans que j'en comprenne la raison ni ne puisse rien en faire et cela je l'ai saisi beaucoup plus tard, en faisant remonter des souvenirs. Je me suis rendue compte que mon corps avait été agressé sans que j'en garde un souvenir mais ce poids était juste une réadaptation pour me protéger ou me faire comprendre.

Nous ressemblons aux personnes à qui nous souhaitons ressembler avant nos traumatismes et si l'on veut bien regarder de près. Je voulais être un mannequin ou tout du moins menue, je le suis petite, menue et en adéquation. Mon corps est bien proportionné.

Petit extrait :

Lettre à mon corps de Jacques Salomé

- Bonjour mon corps, C'est à toi que je veux dire aujourd'hui, combien je te remercie de m'avoir accompagné depuis si longtemps sur les multiples chemins de ma vie. Je ne t'ai pas toujours accordé l'intérêt, l'affection ou simplement le respect que tu mérites. Souvent je t'ai même ignoré, maltraité, matraqué de regards indifférents, de silences pleins de doutes, de reproches violents. Tu es le compagnon dont j'ai le plus abusé, que j'ai le plus trahi. Et aujourd'hui, au mitan de ma vie, je te découvre un peu avec des cicatrices secrètes, avec ta lassitude, avec tes émerveillements et avec tes possibles. Je me surprends à t'aimer avec des envies de te câliner, de te choyer, de te donner du bon. J'ai envie de te faire des cadeaux uniques, de dessiner des fleurs sur ta peau par exemple, de t'offrir du Mozart, de te donner les rires du soleil, ou de t'introduire aux rêves des étoiles. Mon corps, aujourd'hui je veux te dire que je te suis fidèle. Non pas malgré moi, mais dans l'acceptation profonde de ton amour. Oui, j'ai découvert que tu m'aimais, mon corps, que tu prenais soin de moi, que tu étais vigilant et étonnamment présent dans tous les actes de ma vie. Combien de violences as-tu affrontées pour me laisser naître, pour me laisser être, grandir en toi ? Combien de maladies m'as-tu évitées ? Combien d'accidents as-tu traversés pour me sauver la vie ? Combien d'abandons as-tu acceptés pour me laisser entrer dans le plaisir ? Bien sûr il m'arrive parfois de te partager et même de te laisser aimer par les autres, par une que je connais et qui t'enlèverait bien si je la laissais faire... Mon corps, maintenant que je t'ai rencontré, je ne te lâcherai plus...

- Nous irons jusqu'au bout de notre vie commune et quoiqu'il arrive nous vieillirons ensemble. Jacques SALOMÉ »

Nous sommes tous à la recherche d'une valorisation de notre personne au travers du regard de l'autre. Pourquoi ? parce que nous ne croyons pas en nous et que la seule façon de nous rassurer ou de conforter des idées sur notre personne nous les attendons dans l'échange auprès de l'autre.

La plupart des gens vivent en se méconnaissant et ne trouvent leur bonheur qu'à travers faire plaisir . Notre aspect extérieur démontre notre vie intérieur , notre état d'esprit ainsi que notre vie émotionnelle. Si nous ne nous sentons pas bien , la tendance sera au couleur sombre, si la joie est en notre cœur la vie s'anime au travers de couleurs vives. Nous choisissons nos vêtements de façon inconsciente mais pour autant c'est bien cet inconscient qui sait notre état émotionnel. Prenez le temps de regarder les habits que vous saisissez le matin, pourquoi ceux la? sont ils en accord avec mon état interne?

D'ou la première nécessité de laisser choisir les vêtements à une personne car cela déjà vous indique ce qui se passe en interne.

Les bases de notre être sont basées sur la culpabilité qui est l'émotion principale de nos être à tous car c'est la première émotion que l'on ressent au travers la naissance: culpabilité de la souffrance que l'on a donné à sa mère. Puis on se construit à travers notre univers avec nos représentations parentales et nous développons nos capacités et incapacités. les émotions périphériques seront la peur, tristesse et colère .

Comme pour beaucoup nous espérons un amour inconditionné de notre mère ou père et ne le voyant pas arriver se met en place une frustration ce qui nous renvoi à "je ne suis pas capable, je ne suis pas bien" bref de la dévalorisation et une perte d'estime en soi. Souvent accentuée par des petits mots:" tu es nulle" tu y arriveras jamais" etc. Ce n'est pas volontaire des parents qui eux ne souhaitent que stimuler leurs enfants, mais cela va marquer une souffrance , une blessure souvent profonde qui peut renvoyer à je ne suis pas digne d'être aimer. Va s'en suivre un besoin de se faire aimer soit par une attitude de soumission et de faire plaisir à l'autre au détriment de soi soit par la rébellion et une consommation excessive d'amour....

Se sentir aimer c'est se sentir important, c'est compter pour l'autre, c'est se dire "j'en vaux la peine".

Les circonstances de la vie peuvent faire qu'à un moment , on lâche et l'on ne croit plus en plaire, faire plaisir. Tout simplement par une accumulation de souffrances mais aussi en vieillissant. Pourquoi encore plaire alors qu'e l'on est vieux, laid et fatigué?

Qu'est que renvoi l'image d'un corps vieillissant? envie ou dégout?

Comment se regarder avec amour alors qu'il n'y est plus et que l'on pleure celui qui est passé?

Faire le deuil de ce que nous étions avant nous permet d'accepter qui nous sommes aujourd'hui, sans cela il n'y a que haine et dégout.

L'image de la vieillesse est aussi l'approche de la mort et vieillir signifie en finir.

Que voit on à travers l'image d'une personne âgée? que voit on à travers son regard? qu'est ce que cela nous renvoi?

Notre vieillesse, notre fin, notre non acceptation, l'idée de la douleur, souffrance, des manques, des vides......

Mais si nous allons un peu plus loin. Oui le corps vieillit mais il vieillit comme nous l'entretenons. Il peut être encore très joli, avoir des formes, de la vie. Et le visage, des yeux qui pétillent, un sourire qui fait oublier l'âge.

Doit on être triste en vieillissant?

Quelles est la place de la personne âgée actuellement dans notre société? Elle n'est plus productive au niveau du travail néanmoins ce sont des personnes qui ont du temps pour certains de l'argent donc ce sont des consommateurs et des personnes en demandes. Nous sommes passés des personnes vieillissant à la maison qui ne faisait rien depuis leur retraite à des gens actifs jusqu'au bout de leur force. Actuellement elles arrivent de plus en plus tard en maison de retraite et souvent a cause d'une maladie. Lorsque ces personnes arrivent nous voyons souvent que "l'emballage" . Le corps est ridé, l'aspect est tassé, le regard est éteint, le sourire est parti....mais est ce si facile de prendre de l'âge, de sentir le poids des années, et cette inutilité de vie souvent chargé par une maladie qui dévalorise encore plus la personne?

Avant toute chose il est important de voir en cette personne un être humain qui a ses souffrances et se dire :" mon travail est de le ramener dans cette vie tant qu'elle y est".

Nous devons travailler pour réinstaurer en ces personnes leur identité perdue, leur dignité, et le respect. ce corps si abimé est aussi un corps qui a vécu de multiples souffrances, prenons en soin. ce sourire qui est parti, c'est que la vie a apporter bien de la tristesse mettons la joie, cette apparence qui nous repousse a attirée il y a longtemps, mettons 'y la lumière.

Regardons au travers de toutes ses blessures que l'âme qui est en profondeur.

Que peut on travailler? Notre position, notre regard et notre état émotionnel. Apprenons à contrôler nos peurs afin de ne pas les faire passer ou qu'elles nous bloquent dans notre façon d'intervenir.

En définissant ce que cette personne était u aimait nous allons être au plus juste de ce que nous pouvons lui proposer. Réinvestissons sa garde robe, son maquillage, son apparence, bref redonnons lui sa vie jusqu'au bout, pour elle, pour vous, pour ses proches.

C'est une belle aventure que de redonner un sens à la vie d'une personne pour tous et pour un établissement. Se dire "ici on y vit bien, les gens s'occupent bien de nous mais en plus ils nous conseillent, et font qu'aujourd'hui nous sommes mieux qu'hier".

Ce fut un chemin difficile et long mais aujourd'hui je peux dire que le début de notre vie est de nous respecter et de s'aimer. Car comment peut-on aimer les autres si l'on ne s'aime pas soi-même ? C'est faites ce que je dis mais pas ce que je fais. Qu'elle logique renvoi on à nos enfants ?

Qui aujourd'hui se sent en droit de donner des leçons ? Qui se sent irréprochable pour en donner ? Personne même le plus âgé malgré le grand respect que je leur porte : personne.

Nous ne savons rien et nous ne pouvons rien apporter si ce n'est ce que nous connaissons le mieux à savoir nos sentiments et cela nous les refusons. Quel paradoxe. Nous pourrions parler de nos émotions, de ce qui est bien ou beau, non, nous parlons de choses que nous ne connaissons pas. Qui peut aujourd'hui me dire le meilleur système éducatif ? Nous ne sommes déjà que des comédiens jouant notre vie et nous souhaitons apporter des leçons. Peut-être devrions nous regardez un plus nos enfants et c'est à travers eux que nous apprendrions à nous corriger.

Nous pouvons être de bons en gestion, la gestion d'une vie est bien autre, la gestion de nos émotions, territoire inconnu. Nous jouons perpétuellement des rôles, celui du frère ou sœur, celui de l'épouse ou mari, celui du salarié ou patron, bref ou sommes-nous ?qui sommes-nous ? A trop jouer, nous nous perdons un peu plus et au bout c'est l'abime, c'est la dépression, c'est plus rien, nous nous sommes perdu.

Qui aujourd'hui c'est réellement qui il est, ce qu'il veut en fonction de ses choix, capacités, qualités ? Qui peut le dire ?

Tout petit nous sommes déjà formatés dans un système. Nous rentrons à l'école que lorsque nous sommes propres, les autres à la maison. Après nous suivons nos cours en fonction d'un système scolaire commun pour tous mais que faisons-nous des personnalités différentes que nous sommes ? Nous devons rentrer dans le même moule alors que nous sommes tous issus de souches différentes. Etrange ? Si nous ne rentrons pas dans les cases ; alors là panique à bord, l'administration nous fait gentiment remarquer que nous avons un problème, mais c'est le nôtre pas celui de la société. Non, il nous appartient et bien gérez le. Et là c'est la course aux écoles, que va-t-on faire ? Et dans ce système il n'y a pas de place aux enfants atypiques. Ils ne sont pas dans les normes donc nous, la société va les étiqueter pour les mettre quelque part….OU se place la normalité ? Est-ce nous qui ne ressentons plus ou celui qui ressent trop ? Est celui qui perçoit des choses, des sons, ou nous qui nous sommes enfermés dans nos croyances et notre tout contrôle ? Est-ce l'enfant dans son développement qui n'est émotionnel ou nous adulte dans notre mental en oubliant nos émotions voir notre corps ?

Qui place la normalité, par rapport à quoi, à qui ?

Sommes-nous mieux ou au-dessus de tous pour pouvoir juger ?

Mais qui sommes-nous ?

Nous sommes un corps et une âme pour la plupart séparé, ou plutôt nous sommes un corps et un mental qui fonctionne complétement en séparation l'un de l'autre.

Une tête bien pleine, de croyances, de limites et de jugement, et un corps bien vide plein de refus, de négation et d'interdiction.

Avez-vous déjà pensé à ce que votre corps pourrait vous dire s'il vous parlait ?

Pourquoi tu ne m'écoute pas ? Pourquoi tu ne m'aimes pas ? Pourquoi tu en veux un autre ? Mais est ce que l'autre te comblerait ?

N'est-ce pas les demandes que nous faisons souvent à nos partenaires ? Troublant…..
Nous adressons à l'autre tout notre manque et ce que nous avons-nous ne le voulons pas, nous le rejetons….

Avez-vous regardé votre journée qui commence comme une journée de chance car vous êtes en vie, vous êtes là et qu'est ce qui est le plus important si ce n'est de vivre ?

Nous passons notre vie dans un illusion, une illusion de vivre. le plus beau des cadeau c'est la vie. Notre essence appelle l'amour et le meilleur anti dote à la tristesse c'est la joie. Il n'y aurait plus aucun malheur si les gens apprenaient à communiquer et à se respecter sans vivre dans le regard de l'autre.

Nous passons une partie de notre vie a communiquer sur un registre de jeux psychologiques et nous envoyons au autre des méchanceté juste parce que nous ne pouvons dire ce qui se passe en nous.

Vous attendez un cadeau c'est votre anniversaire et bien sur votre mari rentre et il n'a rien....La déception est là et vous faites la tête.

Comment peut il savoir que pour vous l'anniversaire se marque par un cadeau peut être dans sa perception, dans son histoire il n'y a pas d'importance et que un gros bisou suffit?

S'il y a attente il y aura frustration car la base est un manque , un besoin de se rassurer sur l'amour de l'autre.

Si vous souhaitez vraiment un cadeau pour votre anniversaire : marquez le sur une ardoise bien en vue.

Pour reprendre l'histoire, Madame boude et Monsieur lui demande " et bien ca n'a pas l'air d'aller?" Madame répond: "Si fatiguée...." (un mensonge). Elle va ruminer tout le long de la soirée et si par hasard Monsieur a envie d'elle , avec colère elle va lui lancer: " et bien non c'est trop facile, tu m'oublies et maintenant il faudrait que je te fasse ce cadeau". Monsieur n'y comprend rien !!!

"pourquoi tu dis ca?"

Elle accentue" bien on se parlera quand tu auras retrouvé la mémoire" et elle part.

Monsieur reste avec des incompréhensions et un sentiment de " c'est pas juste, qu'est que j'ai fait".

Cette dame vient de communiquer avec un jeu psychologique qui consiste à envoyer un appât à l'autre parce que dans la source je ne peux dire mes émotions. Celui qui envoi l'appât est le persécuteur, celui qui le reçoit est la victime mais comme bien souvent nous n'en restons pas là de victime nous devenons persécuteur et inversement; Ce jeu peut tourner pendant longtemps, il est destructeur et sans autre valeur que d'évacuer des émotions.

Si l'on reçoit une attaque, c'est à dire que l'on vit difficilement ce qui est en train de nous être dit , nous savons que nous allons passer dans notre registre d'enfant et qu'il y a une souffrance derrière donc nous ne sommes plus neutre pour voir et comprendre. Reconnaitre ce jeu nous permet de comprendre que la personne qui renvoi cela est en souffrance et de lui dire gentiment sans s'attacher aux mots" que ce passe t il, pourquoi es tu dans cette émotion?"

J'en ai parlé que le corps est le langage de nos souffrances émotionnelles mais le corps et les agissement de nos enfants sont le reflet de ce qui se passe en nous. Willy barral en a parlé. c'est un psychanalyste qui fut atteint de la sclérose en plaque et qui s'en est sorti. Il a fait un vrai travail pour comprendre le message de sa maladie. Il a très bien décris que le corps de nos enfant est l'histoire de la famille. Regardez vos enfants et par eux vous guérirez.

Si je parle de cela c'est qu'au travers de mes expériences en thérapie j'ai reçu des familles et leurs exemples a confortés ces dires. Je me souviens d'un enfant qui m'est amené parce qu'il ne communique pas ce qu'il souhaite et ne se montre pas tel qu'il est. Lors de notre entretien je parle avec la maman et en me parlant de son mari elle me fait le retour exacte de ce qu'elle venait de me demander pour son fils....Je la regarde avec un sourire et je lui dis" je comprend". A l'instant elle aussi et elle me dit "mon dieu mais c'est son père". la stupeur passée elle me dit qu'effectivement son mari devrait peut être commencer par travailler la dessus afin de donner l'exemple.

Tout a du sens rien n'est du au hasard.

Un autre exemple: je suis conviée a rencontrer une petite fille qui souffre d'eczéma a un stade ou il y a dépigmentation de la peau. Je fais un soin énergétique sur la petite et après je vais parler avec la maman. Je lui explique que les problèmes de peau sont souvent liés à un conflit entre l'intérieur et l'extérieur . Je lui demande si quelque chose lui est arrivé et elle me répond que non. Je lui demande alors et à vous? et la le choc, elle me dit" oui j'ai perdu ma mère et je ne m'en remet pas". Je lui dit à quel âge? et elle me répond à l'âge de ma fille......Depuis cette prise de conscience la petite va bien et n'a plus d'eczéma....

J'aurai des milliers d'exemples a porter mais tous confortent que nous sommes tous en inter action les uns aux autres et dans l'univers.

Nous nous pensons seul au monde alors que nous sommes tous en connexion sans le savoir.

Ce qui me permet de vous parler de la loi d'attraction. Nous attirons a nous les éléments que nous souhaitons rencontrer dans notre vie mais souvent cela se passe en sens inverse. Si vous êtes dans des peurs, par exemple peur de manquer d'argent. Votre esprit sera continuellement occupé à penser à cela et vous risquez d'attirer ce système. L'univers nous envoi ce que nous avons besoin mais ne fait la différence entre ce qui nous est bon ou pas Si nous ne pensons qu'à ca c'est que nous le souhaitons.....

Pourquoi vivre en pensant à des choses qui n'arriveront peut être jamais. Notre mental a cette faculté de se prendre pour un voyant alors que même nous nous ne pouvons pas répondre mais nous faisons confiance à notre mental. Cela revient à faire confiance à votre ordinateur pour toute votre vie et qu'il pense a ce qui est bien pour vous, qu'il vous contrôle....

Aimeriez vous cela.

Pourtant c'est ce que vous faites.....

La seule partie qui vous dire ce qui se passe en vous ce sont vos sensation et vos émotions, le mental n'est qu'un outil.

Pour cela vous pouvez lire des livres comme" les messages de l'égo" de Lise Bolduc .

Ce que j'essaye de vous faire comprendre c'est que notre souffrance vient de nous et pas de l'extérieur. Elle est générée par nos conditionnements, nos croyances limitantes, nos drivers et la coupure avec nous même et nos émotions.

Reprenez votre vie en main et commencez par retrouver en vous vos émotions et sensations et de les verbaliser. Personne ne vous demande de vous transformer en colère juste de l'identifier. Elle est normale et légitime car elle est en réaction à votre histoire de vie, votre parcours donc elle vous appartient.

Lorsque l'on se croit responsable de tout, nous nous investissons de rôles qui ne nous appartiennent pas et nous oublions la responsabilité de la personne ce qui fait que nous nions son existence. Je vais vous donner un exemple. Lors d'un suicide il n'est pas rare que les gens autour se culpabilisent et en se culpabilisant ils ne permettent de respecter le choix propre de la personne dans son histoire de vie, dans son ressenti. Oui même si la mort est difficile elle peut être aussi une délivrance pour certain.

Si nous étions responsables des gestes des autres, nous serions Dieu.....

Nous sommes responsables de nos enfants par leur agissement, mais la responsabilité de leur actes restent à eux même. N'ayons pas honte, ils ont fait, ils assument.....

Toutes personnes ont le droit de faire des erreurs, le droit mais aussi le devoir, car il n'y a que par l'expérience que l'on valide ce qui est bien ou pas.

Je vais reprendre mon petit chemin de vie. Je me suis toujours sentie différente et les autres me faisaient peur. Je restais un peu en retrait. Je regardais avec envie les gens qui pouvaient parler devant tout le monde, bouger sans honte....Un sentiment de honte était en moi. Dans mon travail j'ai rencontré des mémoires de familles qui m'ont projetées cette honte et j'ai compris qu'elle perdurait à travers moi et que j'étais ici et maintenant pour la guérir.

A l'adolescence, mes amies avaient des petits copains et pas moi. Une peur viscérale est présente et m'empêchait d'aller de l'avant. J'ai rencontré un premier garçon qui ne me plaisait pas du tout mais avec qui je n'avais pas peur et j'ai fait mon premier baiser, en sachant que je me servais de lui.....M'étant familiarisée avec le baiser j'ai pu aller vers quelqu'un qui me plaisait et la les d'illusions se sont accumulées. Jusqu'à certaines fois l'envie de ne plus être" rappel de mon premier sentiment: ne pas exister".

Puis au lycée, j'ai appris une horrible nouvelle, mon cousin s'était donné la mort et la le choc fut difficile. J'ai commencé à faire sauter les cours et j'ai rencontrer le père de ma fille. Nous étions deux âmes en peine et l'espace d'un instant nous avons rassemblé notre tristesse. Ma fille est née et ce fut le plus cadeau que la vie me portait.

Nous n'étions pas bien avec son père et très vitre après des moments difficiles nous sommes passés à autre chose. J'ai rencontré le père de mon deuxième enfant avec qui j'ai fait un bout de chemin .

Mes deux enfants furent pour moi des rayons de soleil même si aujourd'hui je pense ne pas leur avoir apporté ce qu'ils auraient voulu.

J'ai commencé à travaillé dans le secteur du soin et je suis rentrée à l'hôpital comme ASH et très vite je me suis sentie à ma place. Donner à l'autre , être dans le soin. J'ai continué pendant 13ans en psychiatrie adulte et je me suis formée en AMP.

J'ai ressenti à un moment qu'il fallait que je passe à autre chose et j'ai entrepris des cours en psychologie par correspondance afin d'obtenir mon diplôme de psychologue.

J'ai validé tous mes diplôme voir plus car j'ai fait des autres diplômes universitaires et je me suis installée à mon compte .

Lorsque l'on est sur le sens et le chemin de sa vie il y a une joie immense et l'on sait que tout va marcher car c'est juste cela .

J'ai eu cette période ou je souhaitais valider des diplômes pour prouver que j'étais capable. C'était encore un leurre car qui peut mieux que moi dire si je suis capable ou pas. Serait ce les livres qui vont dire que je suis un bon thérapeute?

J'ai beaucoup travaillé avec le corps qui ne peut être coupé de nos émotions et de nos sensations. Si l'on veut être en accord avec soi il faut se sentir bien dans son corps, dans son être et âme.

La vie m'a aussi connectée à l'environnement. Nous ne sommes rien sans la terre mais la terre vivrait sans nous, peut être mieux....Nous avons besoin d'elle et nous devons l'entretenir tout comme nous. La première qualité est le respect du lieux, de notre être, de nos origines.

Dire merci à la vie, c'est prendre soin de tout. De penser à soi, aux autres et a notre terre.

Aujourd'hui je sais que je ne sais pas grand chose mais que la lumière ne viendra que de l'intérieur et que cela ne dépend que de moi et moi seule. Je sais que le bonheur je dois le cultiver et le faire grandir et le propager à tous. Mes attentes aujourd'hui serai un monde idéale ou nous respecterions tous et serions à notre écoute afin de nous aider les uns les autres. Il faudrait que les choses changent, il y a trop d'inégalité et ce n'est pas en restant sur un système qui ne fonctionne pas que nous allons y arriver. je vois aujourd'hui beaucoup de familles en souffrance mais aussi des enfants et des personnes âgées. Il serait bon que chacun reçoivent la formation sur la communication et la compréhension de l'être humain en commençant par nos hommes politiques qui ne sont que des grands enfants dans la cour d'école. Comment peuvent ils nous donner des recommandations alors qu'ils ne savent même pas gérer leurs émotions. Oui ils ont une tête bien pleine mais la connaissance ne fait pas la compétence et ils se laissent guider que par leur savoir, leur mental. nous voyons maintenant des morceaux de leur vie qui nous intéressent pas mais qui font perdre du temps et qui occupent l'opinion publique. Nos têtes pensantes ont une bien piètre opinion de nous....

Nous serions intéressés d'entendre des adultes, des position objective et neutre sans l'attrait de l'argent qui n'est qu'une illusion.

Un sage devrait géré et apporter sa sagesse dans la gestion. Comment utiliser la violence pour résoudre des problèmes? C'est du lâcher de notre propre incapacité, de notre propre violence.

Qui peut dire demain au vue de ce que l'on entend ou voit qu'il n'y en est pas un qui va péter les plombs et appuyer sur le bouton?

Je suis comme beaucoup, fatiguée de ces querelles et je ne me sens aujourd'hui pas en sécurité. Il y a des choses qui pourrait se travailler, mettre de la compression, de la cohérence ce qui allégerait nos parcours de vie.

L'école devrait aussi s'enrichir de nouvelles méthodes avec l'acceptation que nous sommes tous différents et que nous ne pouvons pas entrer dans un moule standard sinon il y aurait qu'une seule taille d'habits....

Supprimer les étiquettes: qui peut juger? Nous sommes nous avec nos capacités et nos incapacités mais ayant un but a faire sur cette terre.

Permettre aux gens de savoir pourquoi ils sont là et quel est le sens? les thérapies devraient avoir une valorisation car les gens s'en sortent aujourd'hui en faisant un réel travail sur eux mais malheureusement ce n'est pas rembourser. Ce qui est remboursé c'est la médecine avec des laboratoires....économie économie....Surtout que cela reviendrait moins cher et qu'il n'y aurait plus a prendre des traitements à vie .Considérer l'humain sur des bases économiques est une utopie ce sont des opposés.

L'être humain est soi rentable soit plus rien et mis dans les maisons de retraite afin de faire vivre un système économique.

La médecine a toute son importance car elle a permis de faire avancer tant de chose. Néanmoins, elle cloisonne, elle sectorise et ne traite que les symptômes et non les cause.

Tout notre système est basé dessus nous nous éloignons des cause.

Revenir sur de l'humain serai de le remettre au centre de notre intérêt , remettre l'intérêt à la vie. La vie n'est pas faite que pour travailler elle est la pour vivre et l'apprécier.

Revoir depuis la naissance jusqu'à la mort en réinvestissant tout le potentiel humain, en lui redonnant son sens propre .

Regardons aujourd'hui ou nos anciens sont mis. Ils sont parqués. Est cela le sens de la vie? Devenu vieux on les range et on ne les respect plu?

J'ai tant d'admiration de l'enfant à la personne âgée pour tout ce qu'est l'homme. Cette vie qui circule avec ses énergie d'amour, ce cœur.

Frédéric Lenoir a écrit de très beaux livres ou il parle du bonheur mais avant lui les philosophes. Pourquoi tant de personnes parlent le même langage, la même vérité sur la vie et qu'elles ne soient pas entendue?

Pourquoi tant de scepticisme que le bonheur est à la porté de tous et que nous pouvons tous y prétendre?

Il est vrai que si nous en étions tous conscient les laboratoires pourraient fermés.....

Nous avons tous notre place et c'est en travaillant ensemble avec les compétences de chacun que nous pourrons finaliser une vie harmonieuse dans les respect de toutes choses et tous êtres dans son contexte.

Si je pouvais faire un vœux c'est que tout le monde se reconnecte et puisse sentir cette pulsion de vie et d'amour qui émane, Que chacun retrouve sa place.

peut être sommes nous tous des messagers porteur de conscience et que c'est à chacun de faire un travail et de le reconduire aux autres.

le jour ou j'ai senti cela il m'est apparu évident de faire passer mes connaissances, mes expériences afin que chaque être humain puisse en tirer quelque chose. Aujourd'hui je suis aussi formatrice et je suis heureuse d'apporter de la connaissance mais surtout de la conscience. Je comprends tout le travail que j'ai fait il prend un sens et le transporter aux autre m'inonde de joie.

Je souhaiterai que ce petit livre puisse ouvrir à un questionnement ou faire germer une réflexion.

Il est évident que nous n'arriverons à rien faire seul . Regroupons nous tous ceux qui partage cette état de conscience et nous verrons que finalement nous sommes nombreux à nous battre chacun de notre coté. Utilisons notre force collective afin d'apporter plus de conscience.

Ce premier essai est pour moi juste un éclair et je vais continuer dans d'autres petits livres. Il y en aura un sur "mon travail de formatrice" , mais aussi sur "le corps et ses sensations," " la vraie lumière" .

Pour moi il était important de pouvoir faire passer ce message qui est un message d'espoir et je souhaite à tous de pouvoir trouver la paix et le bonheur en soit. Je vous laisse avec de petits textes sur le bonheur, auteurs anonymes, mais gardez en vous la flamme de l'amour, la joie qui seront les anti dotes au malheur. Je suis avec vous.

Si tu ne trouves pas le bonheur,
c'est peut-être que tu le cherches ailleurs...
Ailleurs que dans tes souliers.
Ailleurs que dans ton foyer.
Selon toi, les autres sont plus heureux.
Mais, toi, tu ne vis pas chez eux.
Tu oublies que chacun a ses tracas.
Tu n'aimerais sûrement pas mieux leur cas.

Comment peux-tu aimer la vie
si ton coeur est plein d'envie,
si tu ne t'aimes pas,
si tu ne t'acceptes pas ?

Le plus grand obstacle au bonheur, sans doute,
c'est de rêver d'un bonheur trop grand.
Sache cueillir le bonheur au compte-gouttes :
ce sont de toutes petites qui font les océans.

Ne cherche pas le bonheur dans tes souvenirs.
Ne le cherche pas non plus dans l'avenir.
Cherche le bonheur dans le présent.
C'est là et là seulement qu'il t'attend.

Le bonheur, ce n'est pas un objet
que tu peux trouver quelque part hors de toi.
Le bonheur, ce n'est qu'un projet
qui part de toi et se réalise en toi.

Il n'existe pas de marchands de bonheur.
Il n'existe pas de machines à bonheur.
Il existe des gens qui croient au bonheur.
Ce sont ces gens qui font eux-mêmes leur bonheur.

Si, dans ton miroir, ta figure te déplaît,
à quoi te sert de briser ton reflet ?
Ce n'est pas ton miroir qu'il faut casser.
C'est toi qu'il faut changer !

***

Le bonheur nest pas accroché à la lune,
Suspendu à quelque astre lointain ;
Il nest pas sur Jupiter, Mars ou Neptune,
Mais à portée de main.
Le bonheur nest pas au delà des mers,
Dans un monde céleste, merveilleux, incertain
Il est sur notre propre terre,
A portée de main.

Le bonheur nest pas sur une île lointaine,
Quelque part sur lOcéan terrible :
Il est chez nous, dans la plaine,
Dans ta maison paisible.

Le bonheur nest pas dans un château grandiose,
Habité par des reines et des rois ;
Il est dans ton jardin de roses,
Dans ta maison de bois.

Le bonheur n'est pas dans une nuit vénitienne,
Faite de musique et d'amour,
Il est dans les choses quotidiennes,
Que tu retrouves chaque jour.

Le bonheur n'est pas dans quelque grande ville,
Où l'on parle de richesses et de joie ;
Il est dans ta chambre tranquille,
Tout près de toi.

Le bonheur n'est pas dans les choses qu'on espère,
Et qu'on réclame du lendemain ;
Il est dans celles qui nous entourent,
Et qui reposent entre nos mains.
Anonyme
***
Le bonheur est une plume
La plus légère qui soit.
Il faut l'attraper
Quand elle passe.
Le bonheur se cueille dans l'instant,
Avec précaution
Comme une fleur,
Avant qu'elle ne se fane.

Le bonheur est cette poudre de soie,
Qui passe, légère, devant la lune,
L'effleure, l'enserre,
Et la pénètre de sa paix.

Même fragile, le bonheur
Transfigure les choses insignifiantes,
Il fait oublier le réel,
Alors que la pensée remodèle nos traits.

La joie monte en nous, quand nous la donnons.
C'est cela le moteur du bonheur.
La découverte du bonheur d'aimer
S'ajoute au bonheur d'être aimé.

Et malgré la nuit du monde,
Malgré les destructions,
Tenons notre lampe allumée,
Pour que vive au dehors la lumière du bonheur.

***

Dis pépé, c'est quoi le bonheur ?
Le bonheur mon enfant, c'est d'avoir des yeux,
Même en vitrine, sous d'horribles lorgnons.
Pouvoir observer, sur la fleur, un bourdon
Gorgé de nectar, s'arracher vers les cieux.

Le bonheur, mon petit, c'est d'être fasciné
Par une perle de rosée, courant sur le fil de la vierge,
Dans une aube radieuse au soleil qui émerge,
Cordiale promesse d'une belle journée.

Le bonheur, tu sais, c'est pouvoir admirer,
Dans l'azur doré d'un printemps qui s'éveille,
Un magnifique rapace qui, de là-haut, surveille
Le lapereau étourdi qui a quitté son terrier.

Le bonheur, mon garçon, c'est pouvoir arpenter
La garrigue provençale, ta main dans la mienne :
Balade matinale, avant que ne survienne
Le vent brûlant, au zénith de juillet.

Le bonheur, mon enfant, c'est quand la pluie est tombée
Et fait que la terre craquelée et agonisante,
Exhale soudain une odeur douce et enivrante,
Pour remercier le ciel de la bienfaisante ondée.

Le bonheur, vois-tu, c'est, quand finit l'été,
Cueillir une pomme au sein du verger familial,
L'essuyer sur sa blouse, d'un geste machinal,
Puis mordre à belles dents, dans sa chair sucrée.

Le bonheur, tu sais, il se trouve n'importe où :
Se coucher dans le pré, écouter chanter l'herbe,
Le souffle du Mistral dans le chêne superbe,
Le murmure du ruisseau, polissant ses cailloux...

Je te souhaite des choses pures, du bonheur !
Point n'est besoin d'honneurs et de richesses.
Qu'un avenir utopique, et de folles promesses,
Ne puissent jamais, ô jamais ! endurcir ton coeur.

Le bonheur cest...
de savoir sémerveiller peu importe son âge
de rire de bon coeur en agréable compagnie
de savoir dire je taime
de se panifier des moments de tendresse
de savoir relever des défis, même si cela me fait peur
davoir assez de grandeur dâme pour pardonner
de profiter de ses moments de solitude pour enfin faire des choses pour soi seulement

de regarder un bon film et de laisser libre cours à ses sentiments
de regarder ce que jai accompli et non ce quil me reste à faire
dêtre maître de soi et non des autres
de posséder lhumour nécessaire pour surmonter les difficultés de la vie
de reconnaître que le négatif existe, mais de décider de ne pas lui ouvrir la porte.
Quand tu as le BONHEUR dans ta vie,
Noublie pas de le cultiver
Pour quIl reste longtemps.

Anonyme

Savoir vivre avec son concubin c'est avoir le goût du risque et respecter le difficile engagement de n'exiger aucun engagement. Nadine de Rothschild
Le plaisir d'un texte, le ravissement d'une interprétation ne sont pas liés au prix du livre ou de la chaine hi-fi. François de Closets
Pas étonnant que nos solitudes soient plus nombreuses, le sentiment de notre isolement, plus vif. Chaque homme, en sa conscience, recommençant l'éternité.

Jean-Pierre Guay

Être Heureux : as-tu réfléchi combien cet horrible mot a fait couler de larmes ? Sans ce mot-là, on dormirait plus tranquille et on vivrait à l'aise. Gustave Flaubert
Notre époque ne fait plus de musique. Elle camoufle par du bruit la solitude des hommes en leur donnant à entendre ce qu'elle croit être de la musique. Jacques Attali
Tel est le miracle de l'école. Un bon professeur peut captiver les classes rétives et rendre vivants les enseignements les plus mal conçus. Il peut tout sauver.

François de Closets

Réussir sa vie, souvent, se construit au détriment de quelqu'un, et ce n'est plus réussir. La vrai joie de vivre est de mettre sa réussite dans la réussite d'un autre.

Jacques de Bourbon Busset

Le plaisir n'est que le bine-être d'un point du corps. Le vrai plasir, le seul plaisir, tout le plaisir est dans le bien-être de toute l'âme. Joseph Joubert
Le bien-être n'est pas le fruit de la paix, être heureux c'est la paix même. Alain
Le grand obstacle au bien-être, c'est de s'attendre à un trop grand bonheur.

Bernard Fontenelle

Dans le bonheur d'autrui, je cherche à être heureux. Pierre Corneille
Peut-être le bonheur n'est-il qu'un contraste, mais il y a une foule de petits bonheurs qui suffisent pour parfumer la vie. Alphonse Karr
Ce n'est pas à la possession des biens qu'est attaché le bonheur, mais à la faculté d'en jouir. Le bonheur n'est qu'une aptitude.

<u>Bernard Grasset</u>

L'égoïste est triste parce qu'il attend le bonheur. Alain
Manifester son bonheur est un devoir ; être ouvertement heureux donne aux autres la preuve qu'être heureux est possible.

Albert Jacquard

Être heureux naît du malheur, le malheur est caché au sein du bonheur. Lao-Tseu
Être heureux, c'est de continuer à désirer ce qu'on possède. Saint Augustin
Il est bien vrai que nous devons penser au bonheur d'autrui ; mais on ne dit pas assez que ce que nous pouvons faire de mieux pour ceux qui nous aiment, c'est encore d'être heureux. Alain
Le plaisir est la joie des fous, être heureux est le plaisir des sages.

Jules Barbey d'Aurevilly

Le malheur est le père du bonheur de demain.

Albert Cohen

Etre heureux n'est jamais immobile ; être heureux c'est le répit dans l'inquiétude.

André Maurois

Le bonheur est un maître exigeant, surtout le bonheur d'autrui. Aldous Huxley
Un travail réglé et des victoires après des victoires, voilà sans doute la formule pour être heureux. Alain
Etre heureux repose sur le malheur, le malheur couve sous le bonheur. Qui connaît leur apogée respective ? Lao-Tseu
Etre heureux, c'est un état d'esprit entre deux emmerdements...

Jean-Baptiste Lafond

Être heureux, à vrai dire, est toute la sagesse, Et rêver est tout le bonheur.

Charles Nodier

J'ai appris qu'être heureux c'est de savoir que le bonheur n'existe pas.

René Fallet

La vie privée est toujours triste , si chacun attend d'être heureux comme quelque chose qui lui est dû. Alain
Trouver des citations sur le bonheur pour avoir des réponses à la question suivante:

Comment être heureux ou comment être heureuse? L'épanouissement d'une personne pour être complet doit se faire dans différents domaines de la vie: bonheur familial et bonheur en amour et bien sûr la réussite professionnelle et une bonne santé. C'est pourquoi nos citations sont adaptées pour souhaiter tous types de voeux de bonheur. Les dictons sur le bonheur et les proverbes sur être heureux que nous vous proposons peuvent être des modèles de texte pour carte de voeux pour souhaiter beaucoup de bonheur à une personne à l'occasion de son anniversaire ou des fêtes de fin d'année. Vous pouvez envoyer ces belles phrases sur le bonheur par messages sms ou par msg textos à un ami ou une amie.

Il n'existe pas de bonheur parfait, sauf peut-être au paradis lol, alors nos citations sont aussi des réflexions philosophiques sur ce que veut dire être heureux dans la vie. Les textes de philosophie des philosophes nous aident à comprendre ce que veut dire être heureuse. Une citation sur le bonheur ainsi que les dictons et proverbes nous permettent de relativiser nos sentiments négatifs de la vie. L'homme pense toujours que l'herbe est plus verte ailleurs. Un message de joie envoyé à quelqu'un peut l'aider à sortir de sa déprime ou de sa dépression, de ce qu'il pense être le malheur.
Les livres et écrits de la littérature française et étrangère nous enseignent que la notion d'épanouissement personnel est liée à différents paramètres: l'éducation reçue par ses parents, la relation en amour et une déception amoureuse ou rupture sentimentale, l'estime de soi et le manque de confiance en soi. Les citations sur le bonheur abordent tous ces sujets et thèmes sur la joie de vie.
Le plaisir de vivre et l'amour de la vie passent par différents bonheurs: le bonheur d'aimer, le bonheur d'être aimé et l'acceptation de ses défauts et qualités. Les citations issues d'écrits de grands auteurs et poètes peuvent vous aider à écrire un poème sur le bonheur par la poésie de leurs messages. Soyez heureux dans la vie!

Poésie et Poèmes

Oui, je veux morebooks!

i want morebooks!

Buy your books fast and straightforward online - at one of world's fastest growing online book stores! Environmentally sound due to Print-on-Demand technologies.

Buy your books online at
www.get-morebooks.com

Achetez vos livres en ligne, vite et bien, sur l'une des librairies en ligne les plus performantes au monde!
En protégeant nos ressources et notre environnement grâce à l'impression à la demande.

La librairie en ligne pour acheter plus vite
www.morebooks.fr

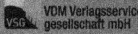 VDM Verlagsservicegesellschaft mbH
Heinrich-Böcking-Str. 6-8   Telefon: +49 681 3720 174   info@vdm-vsg.de
D - 66121 Saarbrücken   Telefax: +49 681 3720 1749   www.vdm-vsg.de

www.ingramcontent.com/pod-product-compliance
Lightning Source LLC
Chambersburg PA
CBHW031639160426
43196CB00006B/480